1950.6

5

6.1.

[illegible]

6.2.

[illegible]

上星期反省

三、[illegible]

6.4.

[illegible]

6.5.

一、[illegible]

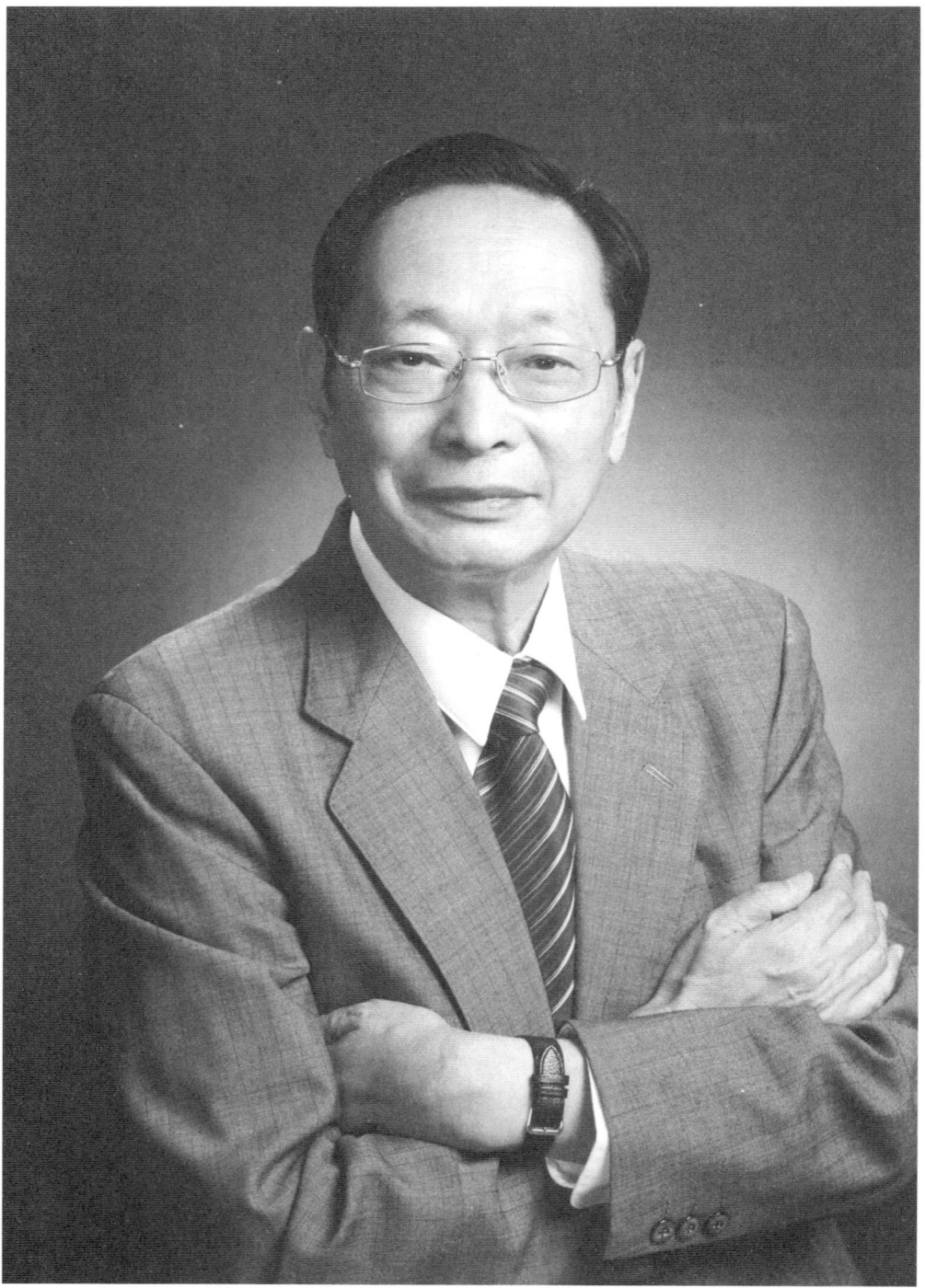

小　序

年轻时喜欢写诗，主要写白话诗，想当诗人，不料阴差阳错，竟研究起了历史，而且居然成为主业。偶尔也还写点诗，不过主要是旧体了。2014年，中华诗词研究院成立，聘请饶宗颐、叶嘉莹、霍松林、刘征诸大家为顾问，出版《中华诗词名家精品集》。还是阴差阳错，我竟滥竽顾问之列，并且也因此出版了一本诗集。2016年，广东人民出版社出版《当代学人精品》，我在属于自己的那一卷中，曾选录《咏史杂诗》若干首，作为一栏。其用意并非它们有多好，而是我在大学时，学的本是文学，聊备一格而已。2018年，重庆出版社在出版插图本《找寻真实的蒋介石》第1辑之外，计划出版第2辑，并拟盒装，提议将我诗集中的咏史、歌咏历史名胜以及与历史学家的交往各诗，选印一本小册子，附列其中，用以答谢长期阅读我的著作，并且兼好文史两道的读者。我感到这是一个好主意，因搜罗增补，成一小册。其他新旧诸体，容有机缘，当另刊之。

著名书画大家侯德昌先生曾将拙诗写成中堂，在中国美术馆展览。现将侯先生所书收入本书。纳西族"歌王"、音乐家和文光先生曾为拙诗谱曲，诗虽与咏史无关，但感于和先生盛情，亦将词及曲谱收入本书。

近年来，我主要研究民国史和蒋介石其人。读者可能关心我还写过什么，因附编个人著作目录（论文、短文不收），以便参考检索。

杨天石

2018年2月9日

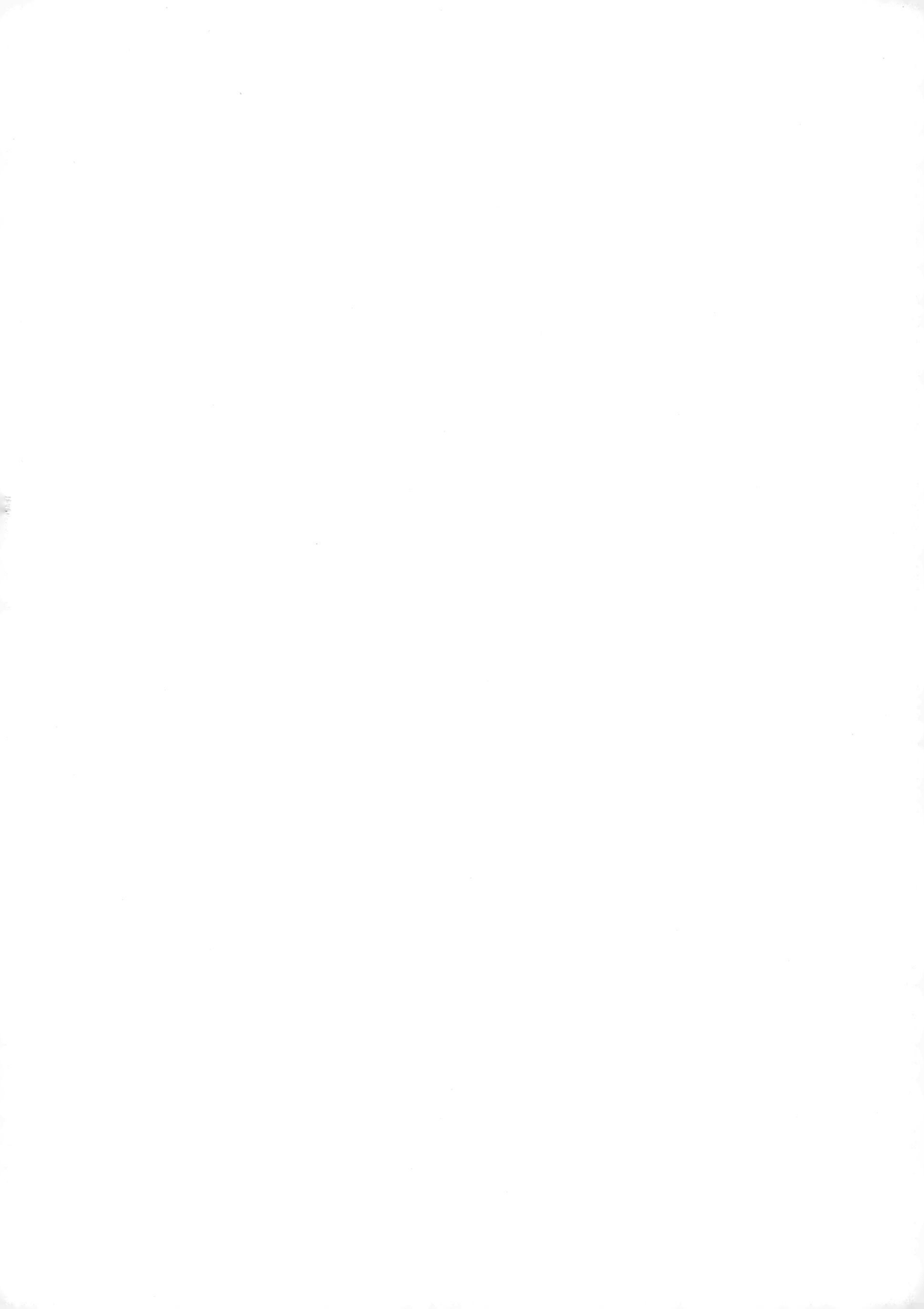

目　　　　　　　录

◎ 杨天石诗选　　　　　　　　　　06

◎ 杨天石著作目录　　　　　　　　30

◎ 杨天石剪影　　　　　　　　　　36

◎ 附录　　　　　　　　　　　　　48
为学术而生——记我的父亲杨天石（杨雨青）

杨天石诗选

菊花

1=F 2/4　　　　　　　　　杨天石 词
　　　　　　　　　　　　和文光 曲

$\underline{\flat 6165}\ \underline{35}\ |\ \underline{6165}\ 61\ |\ \underline{7\cdot 6}\ \underline{53}\ |\ 6\ —\ |\ \underline{\flat 6165}\ \underline{35}\ |$

恰　如　美　艳　海　洋　中，　斗　紫

$\underline{\flat 6165}\ 61\ |\ \underline{31}\ \underline{65}\ |\ 3\ —\ |\ \underline{6\cdot 3}\ \underline{2}\ |\ \underline{2\cdot 1}\ 3\ |$

争　红　竞　不　同。　为　贵　波　斯

$\underline{23}\ \underline{21}\ |\ 2\ —\ |\ \underline{2321}\ \underline{61}\ |\ \underline{2321}\ 2\ |$

多　彩　菊，　甘　穿　荆　棘

$\underline{35}\ \underline{51}\ |\ 6\ —\ |\ \underline{6\cdot 3}\ \underline{21}\ |\ \underline{2\cdot 1}\ 3\ |\ \underline{33}\ \underline{31}\ |$

入　花　丛。　为　贵　波　斯　多　彩

$2\ —\ |\ \underline{2321}\ \underline{61}\ |\ \underline{2321}\ 2\ |\ \underline{35}\ \underline{51}\ |\ 6\ —\ |$

菊，　甘　穿　荆　棘，　入　花　丛，

$\underline{23}\ \underline{31}\ |\ 6\cdot\ \underline{1}\ |\ \underline{35}\ \underline{51}\ |\ 6\ —\ |\ 6\ —\ \|$

甘　穿　荆　棘　入　花　丛。

2014.12.7.

杨天石诗，纳西族"歌王"、音乐家和文光先生谱曲。

一九五五年

◎勉友人

何必踟蹰误路程，功夫练就好长征。
鲲鹏须展垂天翅，一望穹苍万里澄。

一九七七年

◎金陵访旧

古院秦淮小拱桥，白门巷陌柳萧萧。
为编一代兴亡史，踏尽金陵识旧朝。

一九七九年

◎南来

冲出书城作远行，偷闲暂获一身轻。
南来拟借江山气，助我胸中笔墨情。

一九八一年

◎夜登长江大桥，忆武昌起义旧事

——武昌起义，共进会与文学社共成其事。一九八一年，余来三镇，访史迹，登大桥，遥想旧事。

万里长江第一桥，天风吹我涌心潮。
两厢灯火繁星坠，一派江声战鼓遥。
共进群英诚可忆，文学众士亦堪骄。
史家珍重勤开笔，彩绘浓描写楚豪。

◎游东湖屈子行吟阁

——杜甫诗云："文章憎命运，魑魅喜人过。"意有所感。

行吟阁畔久沉吟，楚地来游感慨深。
莫谓当年时命蹇，文章千古有知音。

一九九五年

◎自香港赴台参加抗战史讨论会

郁郁阴云久不开，香江雾锁隐楼台。
文坛彼岸勤相约，雨暴风狂过海来。

二零零一年

◎桂林印象

峰从平地起,树向石上生。

一夜潇潇雨,晴光满绿城。

◎漓江水

梦引魂牵到桂南,无边春色染人寰。

多情最是漓江水,暮暮朝朝绕碧山。

二零零二年

◎题武陵源景区

绝景人间信有之,惊心动魄看山时。

清幽壮野难描说,恰是中原少此奇。

◎访王村

——王村,湘西古镇,因电影《芙蓉镇》而闻名,片中有痞子,得"运动"之利,拨乱反正后精神失常,尝鸣锣于市曰:"又运动了!"今入村,见家家悬红灯,土家妇女亦颇有作时世装者。

湘西古镇有王村,户户红灯喜气殷。

运动锣声今已歇,新潮时尚入眉痕。

◎访沅陵张学良将军幽居处
幽居暂住凤凰山，万里思乡只梦还。
慷慨空怀歼寇志，鹧鸪声里步江滩。

◎桃源县漫步
一瞬千年感岁华，桃花源外尽商家。
新风古邑人间异，座座排排是网吧。

◎拜沈从文墓
凤凰城内产凤凰，水秀山明化彩章。
河畔崖边安卧处，野花敬肃代心香。

◎南方长城志感
　　——南方长城，明代所筑，用以区隔苗瑶各族。

威武城堞接昊苍，当年相隔各一方。
星移斗转人间换，苗汉同歌舞兴昂。

◎再访桃花源
桃花源里正花开，前度刘郎今又来。
休唱柳枝囊昔曲，新诗如锦不须裁。

◎过昭君村
车过名村竟未停，香溪只见水青青。
美人已逝山川在，嘉木成荫绿意盈。

◎祭神农

三下钟鸣鼓九通，高香柱柱祭神农。
遍尝百草疗黎庶，此是千秋最大功。

◎登神农架

神农架上自彷徨，思绪茫茫返大荒。
不晓野人何处觅？杜鹃花放满山梁。

◎神农顶纵目

华中纵目第一峰，万壑阴晴各不同。
到此群山方觉矮，绵延起降舞苍龙。

◎谒成吉思汗陵之一

纵横亚欧任驰骋，军锋威武镇乾坤。
我来不见天骄子，豪雨阵阵悼英魂。

◎谒成吉思汗陵之二

建国曾树盖世勋，千古一帝谁与伦？
何因旋踵兴复灭，只缘右武不尚文。

◎车过大青山，听白拉都格其教授谈抗日史事

当年出没此山间，国共同仇战日顽。
能护家园芳草绿，糜躯碎骨亦心甘。

◎题昭君冢

昔日文人悲远嫁，而今士庶赞和亲。
巍巍青冢千秋在，蒙汉辑和有绿荫。

◎参加中日战争研讨会有感

——二零零二年六月，美国哈佛大学举行中日战争研讨会，出席人员中，有中日两国学者二十余人。

曩时对阵两相分，同座而今共论文。
武战何如文战好，鹅湖辨难为求真。

◎题新泽西小苏州菜馆并呈邹达先生

古寺钟声耳际扬，姑苏风味美东尝。
吴侬软语声声醉，几认他乡是故乡。

◎题隐屏峰

武夷有奇景，最奇在隐屏。
峰如单刀削，山是块石成。
坦荡真如砥，方直恰有棱。
我来惊鬼斧，奥妙莫能明。

所愿效此山，立德永不更。

◎玉女峰遐思

——朱熹《棹歌》云："二曲亭亭玉女峰，插花临水为谁容？"二零零二年八月，余到武夷，见玉女峰与大王峰遥遥相对，玉女娟秀，大王英武，忽生遐思。

袅袅婷婷玉女峰，嶙嶙瘦骨懒为容。
总因相慕羞言语，寂寞千年终未通。

◎台湾花莲讲学有赠

灵秀山川育俊英，纵横才气本天成。
感君邀约殷勤意，动我南来慷慨情。

◎题海瑞墓

——墓在海口，"文革"中曾毁于红卫兵。

海公竟何辜，遭此毁墓苦！
尸骨暴烈日，为状惨难睹。
生前骂皇帝，尚可恕其忤；
安眠数百载，反受狂徒侮。
吁嗟专制威，今何胜于古！
拜墓忆往事，极左猛于虎。
浩劫虽已逝，殷鉴不可捂。

二零零三年

◎登五台山
春雨潇潇上五台，十方如洗浥轻埃。
尘缘懊恼都抛却，扫净心田礼拜来。

◎参观阎锡山旧居
往日繁华转瞬空，唯馀院落尚重重。
民国多少刀兵劫，酿在堂前密晤中。

◎黄河古渡
轻烟蔓草锁沙丘，此是黄河古渡头。
入地铁牛重出世，惊睁双目认神州。

◎访永济普救寺，莺莺故事发生地也
佳话西厢有妙文，流传轶事竟成真。
赚来无数痴儿女，携手双双拜庙门。

◎登鹳雀楼
远道来登鹳雀楼，中州气象眼前收。
长河似带飘原野，山势如龙卧绿洲。

◎游吉林净月坛

——传说，净月潭与日月潭，为天上仙女的两滴泪。

天上仙女两滴泪，化作人间两湖水。
一在东北一东南，共增神州风光美。
两水远隔本同源，丽质亭亭亲姊妹。
我愿携水互挹注，两美相融长相辉。
待得两岸团圆日，仙女定当喜泪飞。
九州各县县有潭，绿波处处明且媚。

◎访农安县

——农安，即古之黄龙。岳飞与金兵大战时，曾与诸将相约，痛饮黄龙。

巍然辽塔在，今日到黄龙。
杯酒何妨尽，神州喜大同。

◎贺友人八十大寿

君似山巅不老松，劲枝铁干傲苍穹。
盈胸正气浩然在，任尔长天起暴风。

◎贺友人八十六大寿

早岁坎坷世事艰，风霜炼就寸心丹。
暮年热血犹堪献，誓为民权斗众顽。

◎洱海

平铺万顷碧琉璃，照彻人间美与媸。
上帝欲知人世事，故将巨耳化清池。

二零零四年

◎赠哈佛大学傅高义教授
——代参加夏威夷中日战争讨论会的全体中国学者作。

哈佛有高义，讲坛一代宗。
学兼中日美，足遍南北东。
真正亚洲迷，地道中国通。
愿君多珍摄，寿比南山松。

◎台湾选举有感赠友人
公理宁甘唤不回，岂能民意尽成灰！
相期众志成城日，买醉长街听鼓擂。

◎访波恩贝多芬纪念馆，过时不得入
远行万里拜斯人，铁锁无情竟闭门。
惆怅莱茵河畔坐，天西漫看火烧云。

◎访德国特里尔马克思故居
愿求世界变天堂，理念昔曾震万方。
小街留得遗址在，摩挲旧迹认门墙。

◎登黄山
萦回山径入葱茏，怪岭奇松看未穷。
欲问此山绝险处，云端飘渺上莲峰。

◎题杭州

青山笼翠桂香秋，旖旎湖光水似绸。
日暖风酥人语软，此乡端恰是温柔。

◎贵州山行

不觉崎岖径路难，只缘贪看贵州山。
平生已惯颠簸苦，大趣常存过险关。

二零零五年

◎生日自嘲赠上海施宣圆兄

华发飘萧已满颠，童心未改壮心迁。
聊拨雾霭观丘壑，漫卷风涛入史篇。

◎谒杜甫草堂

杜甫祠堂万竹森，劲枝铁叶上干云。
华夏世代称诗圣，锦绣文章爱国忱。

二零零六年

◎有感
荣枯得失总尘轻，尔自滔滔我自行。
直笔求真千载贵，文章留与后人评。

◎重有感，依前韵
因风立论世人轻，下笔何须看市情。
但企真知传宇内，宁甘俯首竞浮名。

◎三访胡佛研究所
又渡重洋作远游，老来尚似少年俦。
穷搜秘档求真相，不到河源兴未休。

◎娄山关忆彭德怀元帅
——只有很少人知道，娄山关战役的指挥者是彭德怀，感而有作。

峭壁悬崖窄线通，娄山险隘古称雄。
浩浩劲旅从兹越，应为将军论首功。

◎访茅台镇

赤水粼粼映日光，黔山秀气化琼浆。

曲都未到人先醉，阵阵飘来是酒香。

◎题溪口蒋氏遗址

文昌高阁枕清流，老树依然傍小楼。

大浪淘沙人已远，史家功过论难休。

◎参观汉城韩国战争纪念馆感赋

纷纷朝战是耶非，深锁疑云入黑围。

不有史家如炬眼，焉能暗夜见清晖？

◎日本箱根之会

——中日战争国际共同研究第三次会议有感。

阔论高谈兴正浓，同人转瞬各西东。

箱根长记芦湖会，论史何年喜再逢？

二零零七年

◎下笔
下笔常逢掷笔时，个中滋味几人知？
平生最苦难言语，阻断春蚕肚里丝。

◎题临湖轩，忆马寅初校长
玉兰两树竞华枝，绰约迎风正盛时。
塔影湖光长旖旎，斯人已去久沉思。

◎游北京植物园
朝看云霞漫煮茶，松涛晚听数归鸦。
此身愿住西山老，不写文章只赏花。

◎访金山
——一九三七年淞沪之战，我军浴血奋战三个月，敌不得逞，改自金山卫登陆，我军遂溃。

弹烟血雨战旗红，誓保山河作鬼雄。
可叹倭军从背袭，长留大恨海隅东。

二零零八年

◎刘公岛凭吊

——甲午海战，提督丁汝昌困于岛内，服毒自裁，诗以悼之。

陡起乌云隐落晖，刘公岛上下龙旗。
将军赴死全忠义，不作降书献日夷！

◎题永嘉剪刀峰

何来利剪立苍茫，造物多情美意藏。
巧断云霞天上锦，人间好作女儿妆。

◎访永嘉丽水古村

门前水到必成溪，户户临流可浣衣。
岸柳轻摇河底绿，渔歌唱罢彩云移。

◎赞婺源

蓝天碧水，黑瓦白墙。
青山滴翠，绿草流光。
歙砚玉润，婺茶醇香。
文公故里，翰墨留香。

◎再登庐山

昔上庐峰未有诗，山灵愧对再来时。
全因至美难言说，下笔踌躇怯遣词。

二零零九年

◎谒陈寅恪墓有感

先生之风，山高水长。

先生之言，千秋同仰。

独立精神，自由思想。

道脉文脉，得此则昌。

◎嵩山谈禅

挤得馀生数日闲，谈禅论道访嵩山。

苍生在念难无语，面壁长修意未甘。

◎晚岁

老去思闲未肯闲，勤钩史迹笔波翻。

天公假我三十载，笑看沉沙大海蓝。

◎夜抵苏州，应南社研究会之约

扶疏花木掩层楼，软语吴娃启脆喉。

竞彩霓虹波影里，迷离夜色到苏州。

◎偶感

画鬼描神皆不难，全凭粉黛色斑斓。

清容端赖南湖水，洗尽丹铅是本颜。

二零一零年

○黄鹤楼

登楼顿觉楚天低,万里长江望眼迷。
帘卷潇湘迎两粤,窗开众岳似观棋。

二零一一年

○记得

记得髫年敬岳飞,精忠报国仰光辉。
而今齿豁垂垂老,犹梦沙场斩寇归。

○访故里

七十年来景物非,街头尚记鲤鱼肥。
儿时旧迹难寻找,剩有乡风扑面吹。

○访黄公望隐居地

泉流万壑响璁,绿树青山沐晚风。
草屋三椽人不在,白云入户雨蒙蒙。

○严子陵钓台

伴食君王最可忧,朝为贵客暮成囚。
何如归饮桐庐水,执钓江干任自由。

○富春江舟行

惭无彩笔绘花枝,幸有灵明铸小词。
七里春江扬帆路,归来载得满船诗。

二零一二年

◎题常熟翁同龢故居

维新相国久闻名，光焰灼灼四海钦。
改革从来多困阻，风霜百载感同心。

◎题周庄迷楼，怀南社诸子

迷楼往昔忆颠狂，痛饮长宵待曙光。
蒿目时艰多慷慨，悲歌代哭写华章。

◎元大都遗址考古

金戈铁马耀寰中，屈指当年数战雄。
百里连营凭想象，颓垣断续野花红。

金门行（五首选三）

◎自厦门渡海舟中口占

当年万炮击金门，弹雨硝烟起战尘。
但愿从兹兄弟好，虹桥永架不相分。

◎登金门岛古绝

入岛难分外地身，初逢每似对故人。
一水虽分两世界，中华血脉总相亲。

◎晓起

晓起传来子规啼，山溪缓缓水声低。
当年炮战隆隆处，煦煦清风舞柳丝。

二零一三年

◎望春

岁尽冬残又望春，犹抛心力作文人。
何曾椽笔惊天下，聊为鸿飞记爪痕。

◎除夜方作《赫尔利调停国共关系》文

闭户辞闻响炮声，烟花朵朵上青云。
堪笑书生无所事，故纸陈编解旧梦。

◎江阴吊阎应元

孤城浴血抗清骑，有死无生固所知。
正气长留天地永，扬刀守土想当时。

二零一四年

◎玉龙山下赏花
恰如美艳海洋中,斗紫争红竟不同。
为赏波斯多彩菊,甘穿荆棘入花丛。

◎赠纳西歌王和文光先生
玉龙山下识文光,皎皎国士叹不双。
纳西文明传久远,余音绕梁赞歌王。

◎寄望,勉诸生
茫茫史海欲何之,奋桨飞舟正此时。
解蔽还原寻本相,传薪继火有深期。

二零一五年

◎八十感怀

浪取虚名未补天，人间闯荡八十年。
为文偶逆时流意，设论曾遭白眼嫌。
造假昙花如电闪，求真玉璧胜金坚。
是非毁誉随人说，绿野轻骑好策鞭。

◎南开讲学，归途遇大雪

四合阴云冻满庭，途人裹足众心冰。
何须前路询凶厄，我自冲风冒雪行。

二零一七年

◎赠《社会科学战线》，兼怀"双百"方针

为求春色满天涯，喜见群芳斗彩华。
不作鸦声强噪耳，和鸣共奏百音佳。

◎湖州笔庄述怀

休言笔力扫千军，只合文边舞墨人。
近体裁馀三百首，箫情剑气楚骚魂。

二零一八年

◎ 溪口街景

剡水晶莹透底明，物是景新世事更。
市上犹售蒋家菜，店中竞购饼千层。

◎ 乡憾

青史何曾刀可断，江流总是奔前程。
遥怜彼岸慈湖侧，悬梓难归蒋先生。

◎ 治史口占

经年辛苦不寻常，字字磨勘费考商。
信是勤耕终有获，拨开云雾是天光。

◎ 锦城

寒梅朵朵报春来，处处花开耀展台。
好揽群芳收丽色，嫣红姹紫化文才。

◎ 老来

老来偏喜忆当年，事事无忧敢向先。
百岁期颐诚可冀，挥毫泼墨起新篇。

杨天石著作

（至2017年年底）

目录

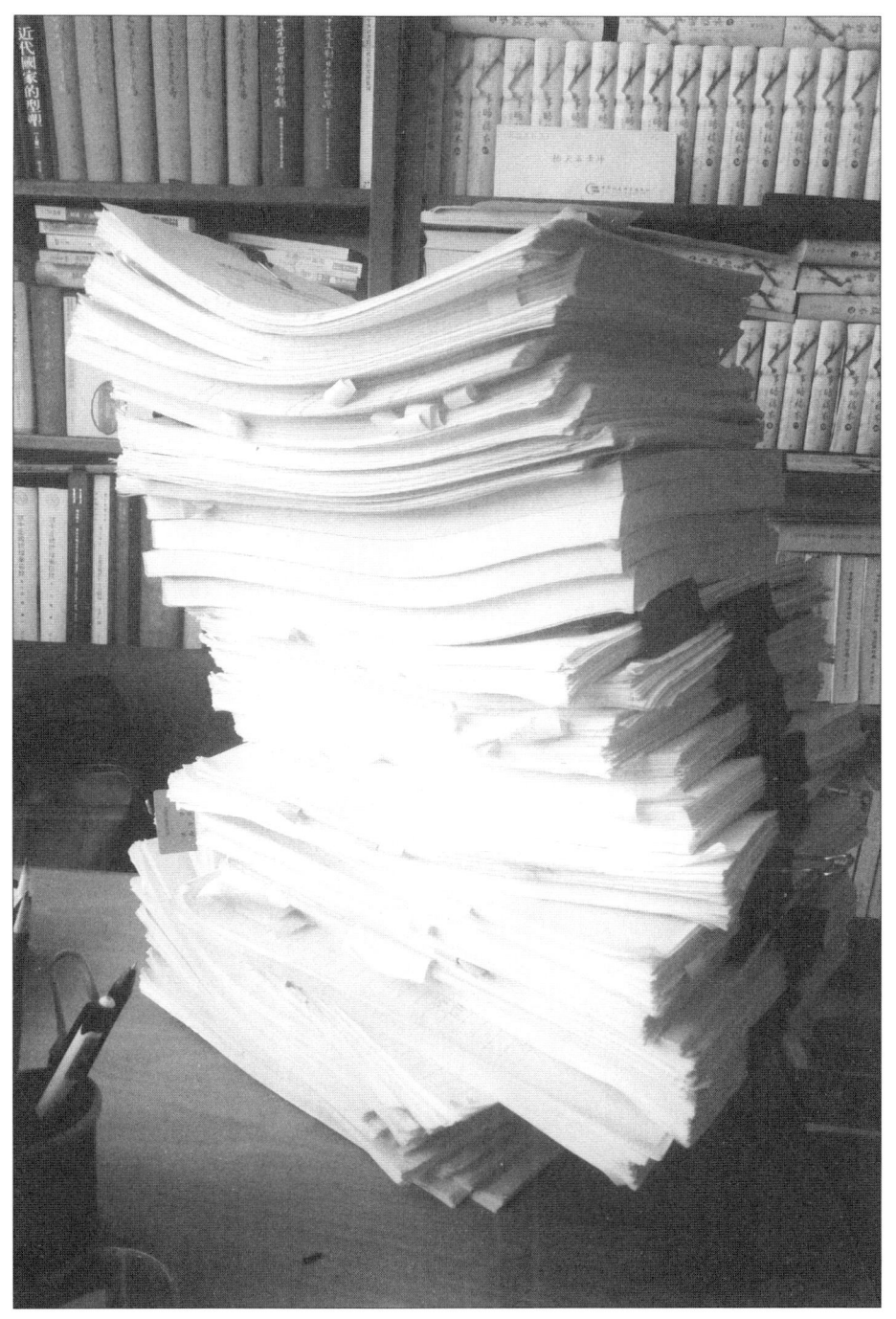

存放于"书满为患斋"的蒋介石日记手抄稿,约有两尺高。

一、个人著作 （已出29种）

1. 王阳明. 北京：中华书局，1972
2. 黄遵宪. 上海：上海人民出版社，1979
3. 南社. 北京：中华书局，1980（与刘彦成合作）
4. 泰州学派. 北京：中华书局，1980
5. 朱熹及其哲学. 北京：中华书局，1982
6. 寻求历史的谜底——近代中国的政治与人物.

    简体字版. 北京：首都师范大学出版社，1993；繁体字版. 台北：文史哲出版社，1994

7. 南社史长编. 北京：中国人民大学出版社，1995（与王学庄合编）
8. 海外访史录. 北京：社会科学文献出版社，1998
9. 横生斜长集（随笔札记集）. 天津：百花文艺出版社，1998
10. 蒋氏秘档与蒋介石真相. 北京：社会科学文献出版社，2002；重庆：重庆出版社，2015
11. 从帝制走向共和——辛亥前后史事探微. 北京：社会科学文献出版社，2002
12. 朱熹. 香港：中华书局，2002
13. 杨天石文集. 中国社会科学院学术委员会文库之一. 上海：上海辞书出版社，2005
14. 杨天石近代史文存. 5卷本. 北京：中国人民大学出版社，2007
15. 找寻真实的蒋介石——蒋介石日记解读.

    简体字版. 太原：山西人民出版社，2008；繁体字版. 香港：三联书店，2008

16. 揭开民国历史的真相. 7卷本. 台湾：风云时代出版公司，2009
17. 找寻真实的蒋介石——蒋介石日记解读. 第二辑

    繁体字版. 香港：三联书店，2010；简体字版. 北京：华文出版社，2010

18. 终结帝制——简明辛亥革命史.香港：三联书店，2011

19. 帝制的终结——简明辛亥革命史.长沙：岳麓书社，2011；博集天卷版，2013

20. 辛亥革命的影像记忆.北京：中国人民大学出版社，2011（与谭徐锋合编）

21. 找寻真实的蒋介石——蒋介石日记解读.第三辑.
简体字版.北京：九州出版社，2014；繁体字版.香港：三联书店，2014

22. 找寻真实的蒋介石——蒋介石日记解读.第一辑.插图增订版.重庆：重庆出版社，2015

23. 当代中华诗词名家精品集——杨天石卷.北京：中国青年出版社，2015

24. 杨天石评说近代史.7卷本.北京：中国发展出版社，2015

25. 当代中国学人精品——杨天石卷.广州：广东人民出版社，2016

26. 风云时代与风云人物.北京：中国工人出版社，2016

27. 从帝制走向共和——杨天石解读辛亥秘档.重庆：重庆出版社，2016

28. 追寻历史的印迹——杨天石解读海外秘档.重庆：重庆出版社，2016

29. 找寻真实的蒋介石——蒋介石日记解读.第四辑.香港：三联书店，2017

（30. 找寻真实的蒋介石——蒋介石日记解读.第四辑.北京：东方出版社，2018，即出）

二、共同著作（9种）

1. 中国文学史.2卷本.北京：人民文学出版社，1958（执笔者之一）

2. 中国文学史.4卷本.北京：人民文学出版社，1959（执笔者之一）

3. 近代诗选.选注.北京：人民文学出版社，1963（选注者之一，统稿者）

4. 中华民国史.第1编.2卷本.北京：中华书局，1981—1982（主要执笔者、修订者之一）

5. 中华民国史.第2编第5卷（现为第6卷）.北京：中华书局，1996（主编、主撰）

6. 民国掌故. 札记集. 北京：中国青年出版社，1993（主编、主撰）

7. 民国史谈. 北京：中央党校出版社，2008（主编、主撰）

8. 中国通史. 第12册. 北京：人民出版社，2007（蔡美彪主编，主要执笔者之一）

9. 清朝通史. 4卷本. 北京：人民出版社，2016（蔡美彪主编，执笔者之一）

三、主编（11种）

1. 百年潮杂志. 1997-2005

2. 百年潮精品系列. 9种12册：往事回首. 亲历者记忆. 史事探幽. 人物述往. 毛泽东剪影. 邓小平写真. 中外之间. 国际广角. 文坛与文人. 上海：上海辞书出版社，2005.12

3. 国民党的联共与反共. 北京：社会科学文献出版社（杨奎松执笔，杨天石主编）

4. 中日战争国际共同研究之一：战时中国各地区.

   北京：社会科学文献出版社，2009.1（与庄建平同编）

5. 中日战争国际共同研究之二：战略与历次战役.

   北京：社会科学文献出版社，2009.1（与臧运祜同编）

6. 中日战争国际共同研究之三：战时中国的社会与文化.

   北京：社会科学文献出版社，2009.2（与黄道炫同编）

7. 中日战争国际共同研究之四：战时国际关系.

   北京：社会科学文献出版社，2011.5（与侯中军同编）

8. 中国地域文化通览. 34卷本. 北京：中华书局，2014（副主编之一）

9. 中日战争国际共同研究. 3卷本. 北京：社会科学文献出版社，2015（与美国傅高义共同主编）

10. 美国国家档案馆藏中国抗战历史影像全集.

    31卷本. 北京：军事科学出版社等，2016（与张宪文共同任总主编）

11. 名家读史笔记（雷颐、邵燕祥、陈丹晨、王学泰等四种）. 北京：东方出版社，2017

四、资料与古籍整理(10种)

1. 拒俄运动. 北京：中国社会科学出版社，1979（与王学庄合编）
2. 朱舜水集. 北京：中华书局，1981（与朱谦之等合编）
3. 武昌起义档案资料选编(3卷本). 武汉：湖北人民出版社，1981—1983（与张海鹏等合编，张海鹏统编）
4. 辛亥革命回忆录. 第7、8集. 北京：文史资料出版社，1981、1982（合编）
5. 宁调元集. 长沙：湖南人民出版社，1988（与曾景忠合编）；湖湘文库甲编本，第357种，2008
6. 蒋经国自述.
   长沙：湖南人民出版社，1988（与曾景忠合编）；第2版. 北京：团结出版社，2005；第3版. 北京：华文出版社，2012.6
7. 中国历代治国策选粹(选注). 北京：高等教育出版社，1994（丁守和主编，任副主编）
8. 缀英集——中央文史研究馆馆员诗选. 北京：线装书局，2008（编选小组召集人）
9. 钱玄同日记(整理本). 3卷本. 北京：北京大学出版社，2014（主编）
10. 张学良口述历史. 7卷本. 北京：当代中国出版社，2014（总主编）

五、工具书(2种)

1. 中华文化词典. 广州：广东人民出版社，1979（丁守和主编，任副主编）
2. 中国大百科全书. 近代文学分支. 北京：中国大百科全书出版社，1986（执笔者之一）

六、译文(3种)

1. 杨天石. 孙中山在檀香山的几次谈话（英）. 民国档案.1986（1）
2. 杨天石. 罗易在武汉（英）. 党史研究资料.1986（4）
3. 杨天石. 萱野长知的"和平"工作（日）. 党史研究资料.1992（1）

杨天石剪影

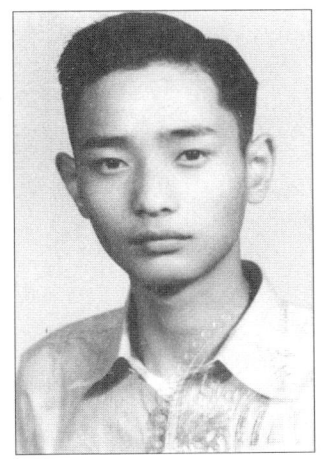

1952年，无锡圣德中学初中毕业 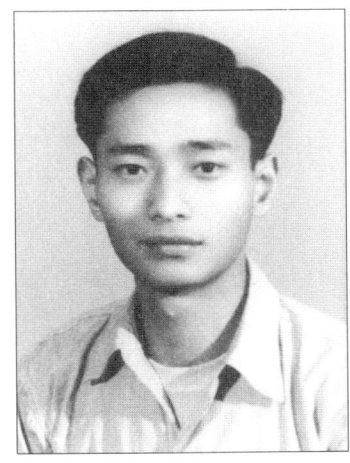　　　1960年，在北大读书时 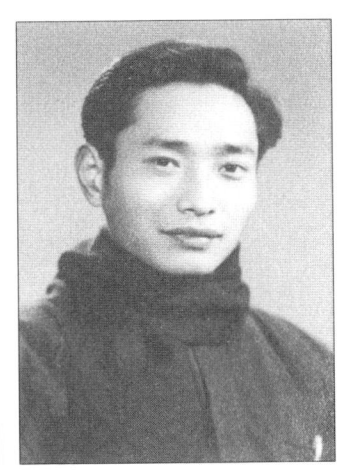　　　1963年，在师大附中任教时

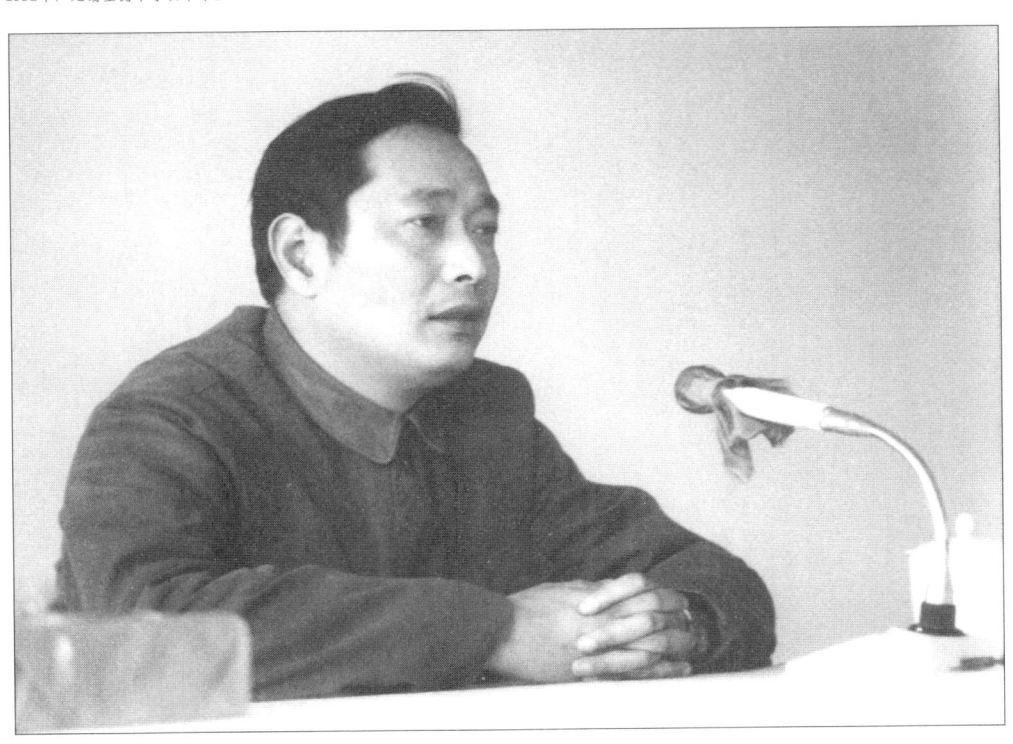

1983年1月，在近代史所时，被评为"先进工作者"

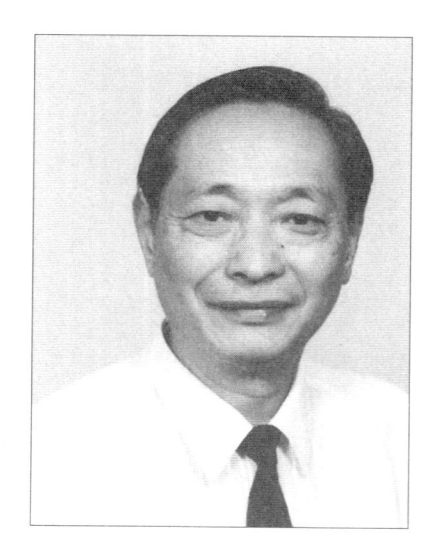

在中央文史研究馆时

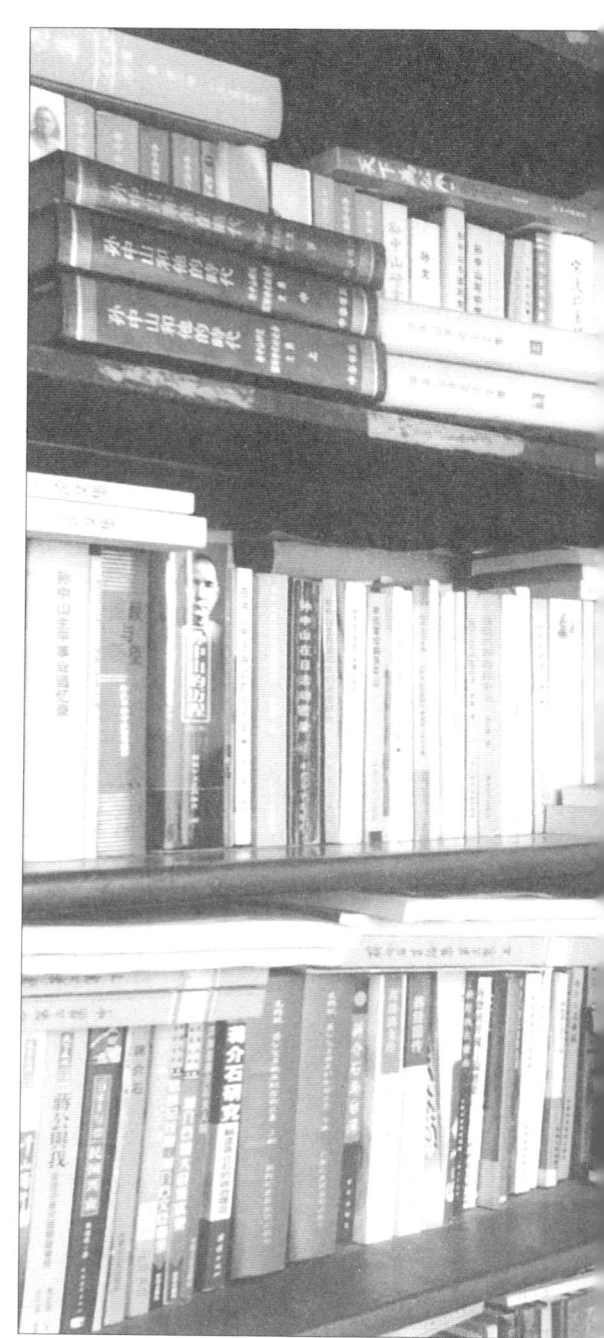

在研究室（书满为患斋）

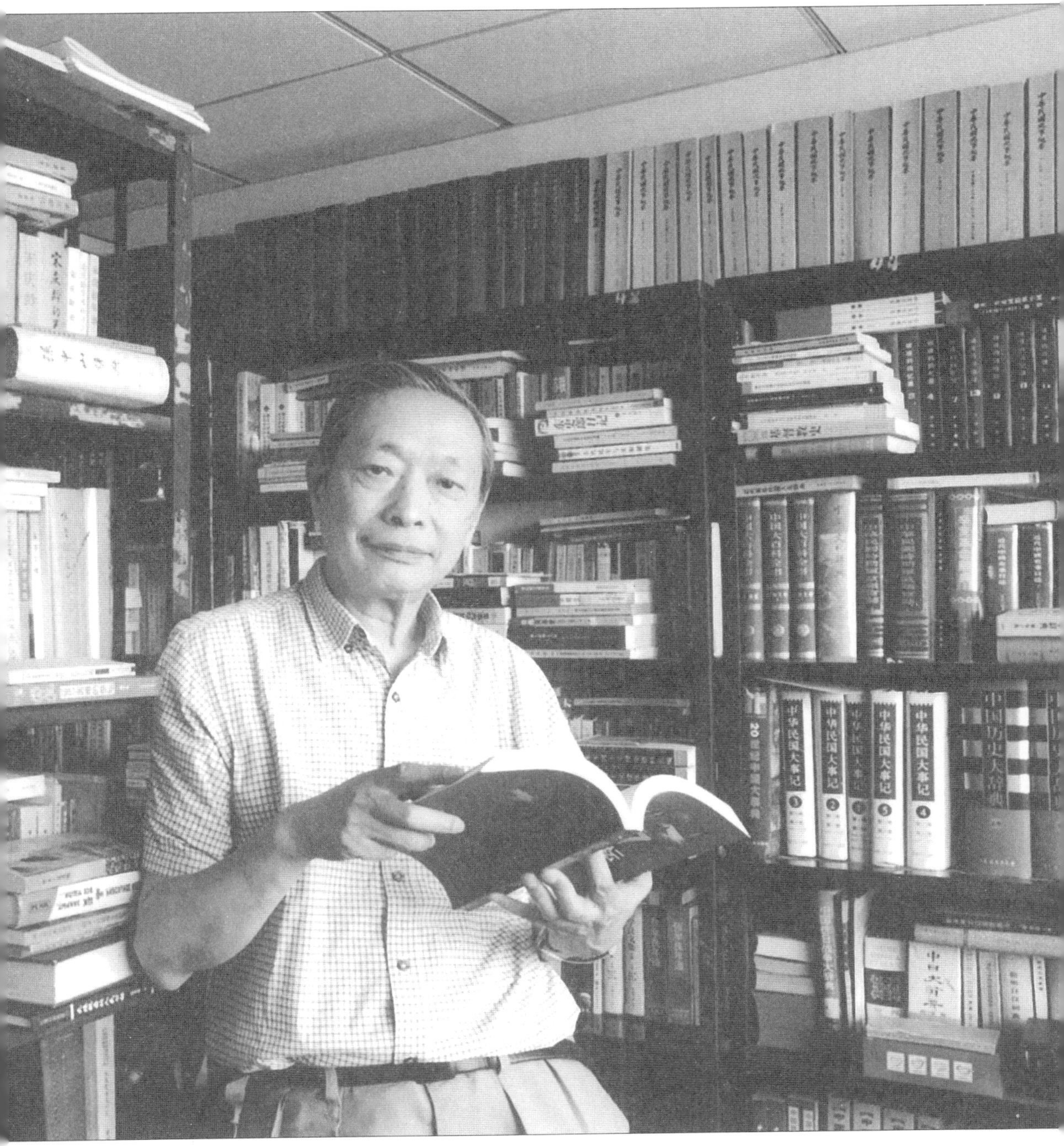
中华民国大事记

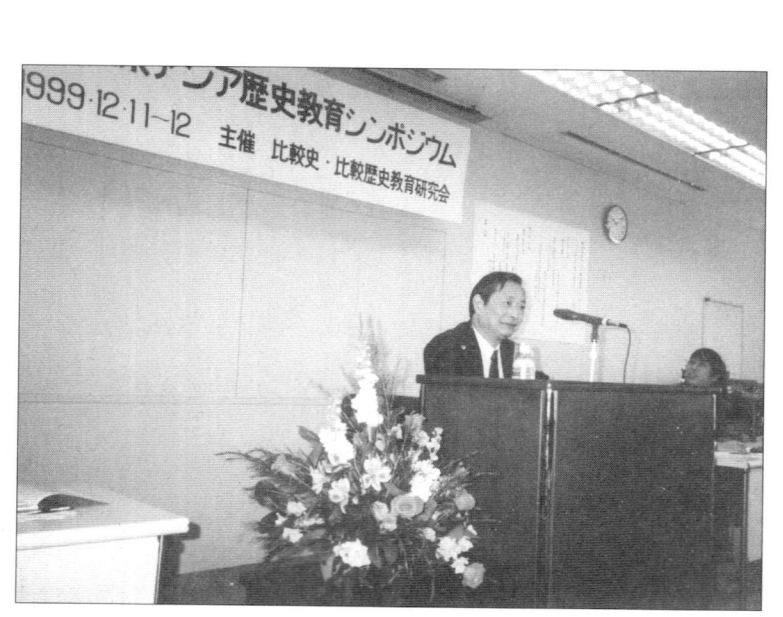

1999年，在日本参加"比较历史讨论会"

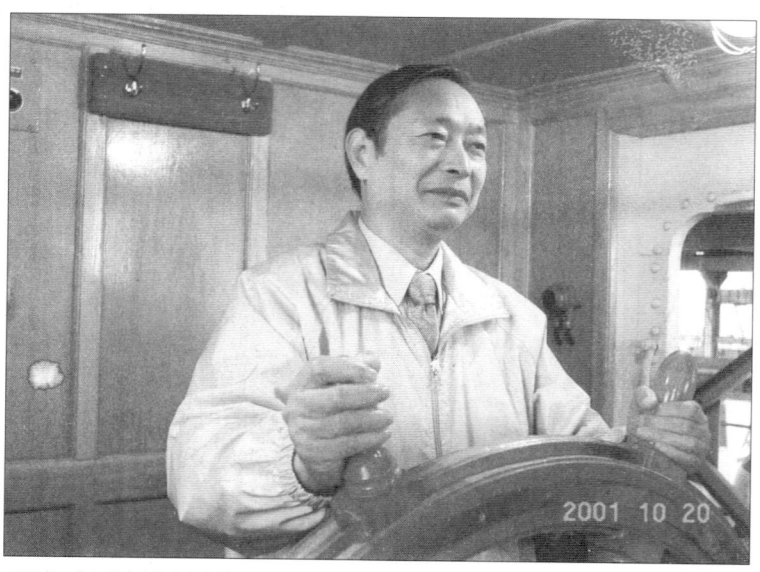

2001年，在打捞出水的中山舰上

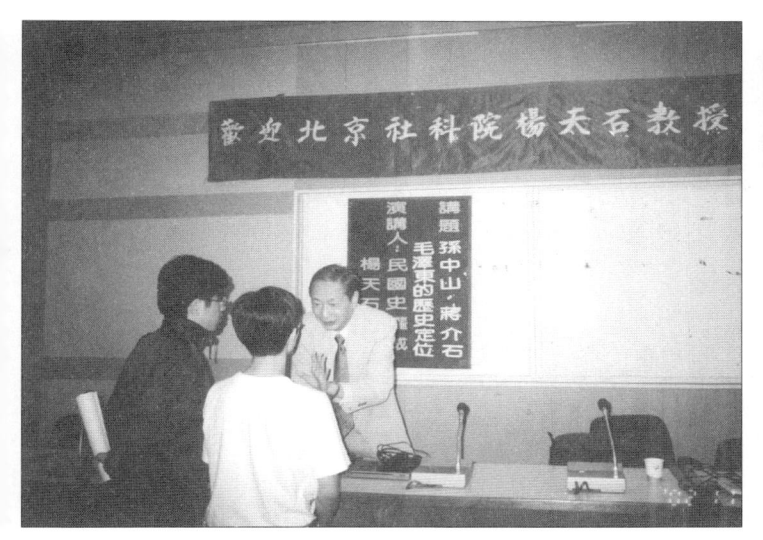

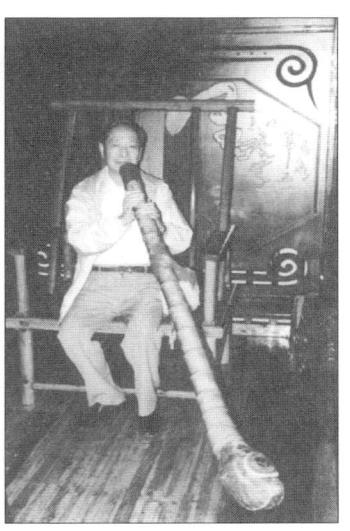

2002年10月—11月，在台湾花莲师范学院演讲

2004年，贵州采风

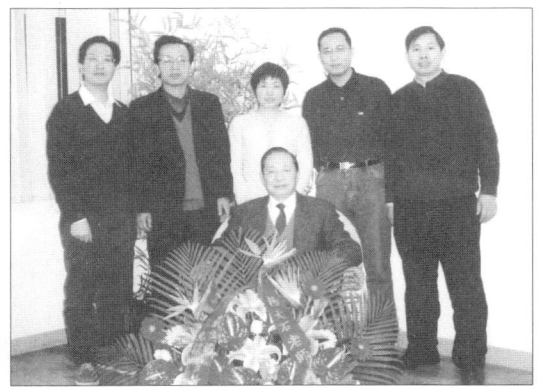

2006年，与博士、博士后们

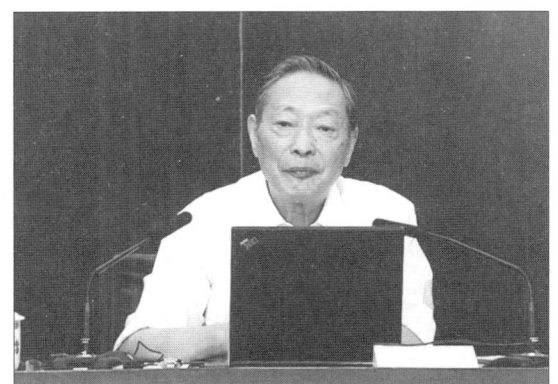

2011年，为部级领导干部历史文化讲座做题为"孙中山的民生主义思想及其当代价值"的报告

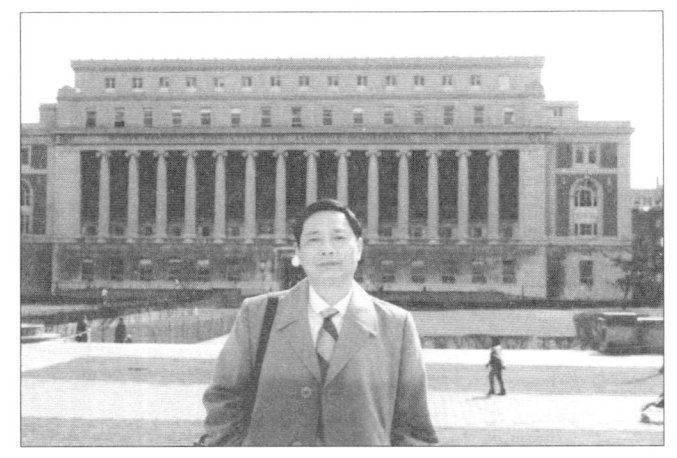

1990年，美国哥伦比亚大学图书馆前

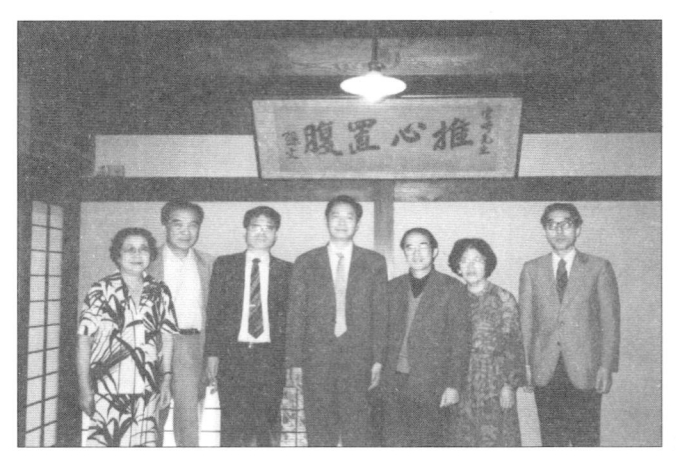

2001年，访问日本宫崎滔天故居

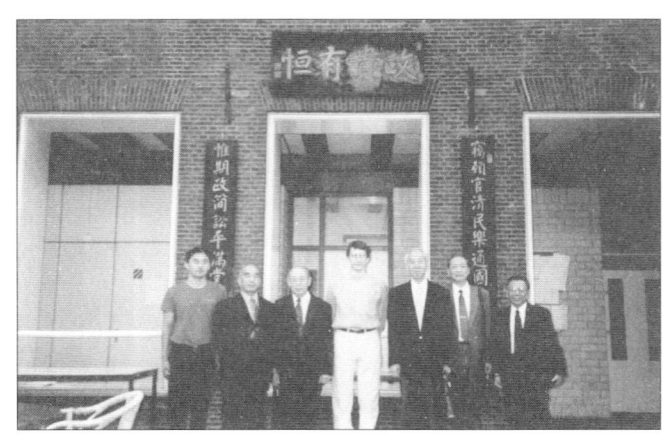

2003年，访问荷兰莱顿大学

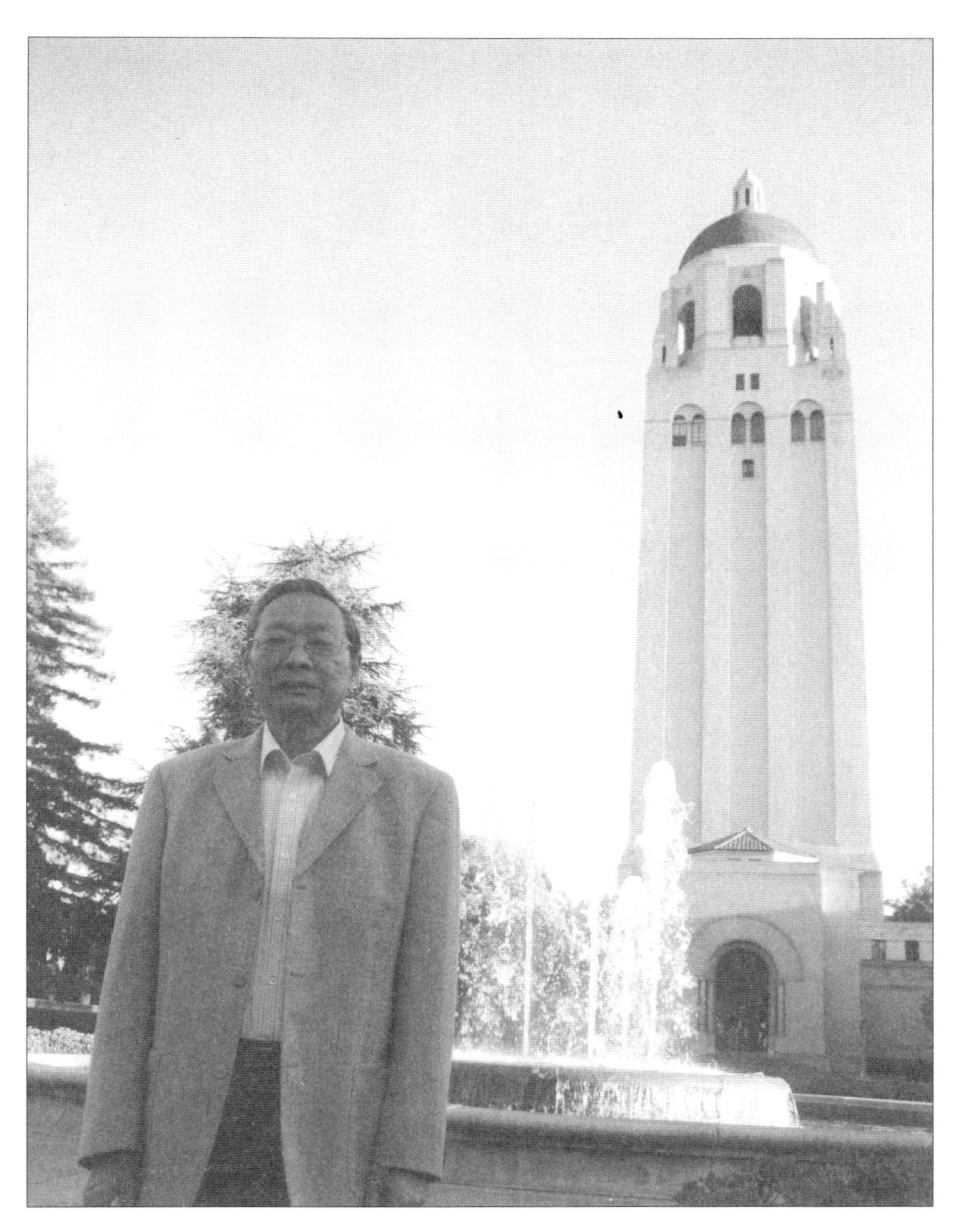

2010年，在美国斯坦福大学

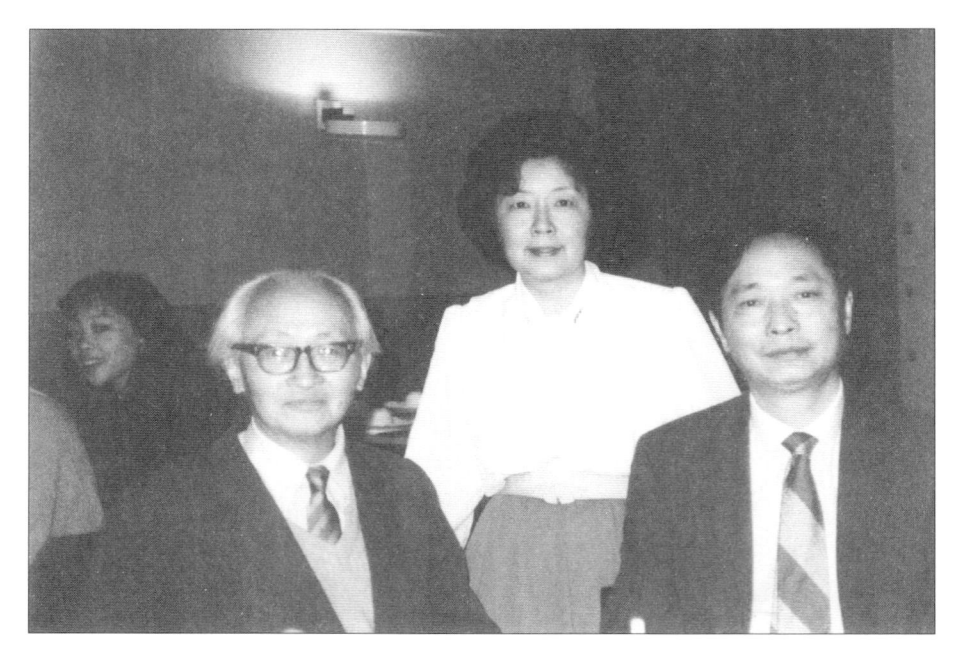

1990年，与周一良、李又宁在纽约

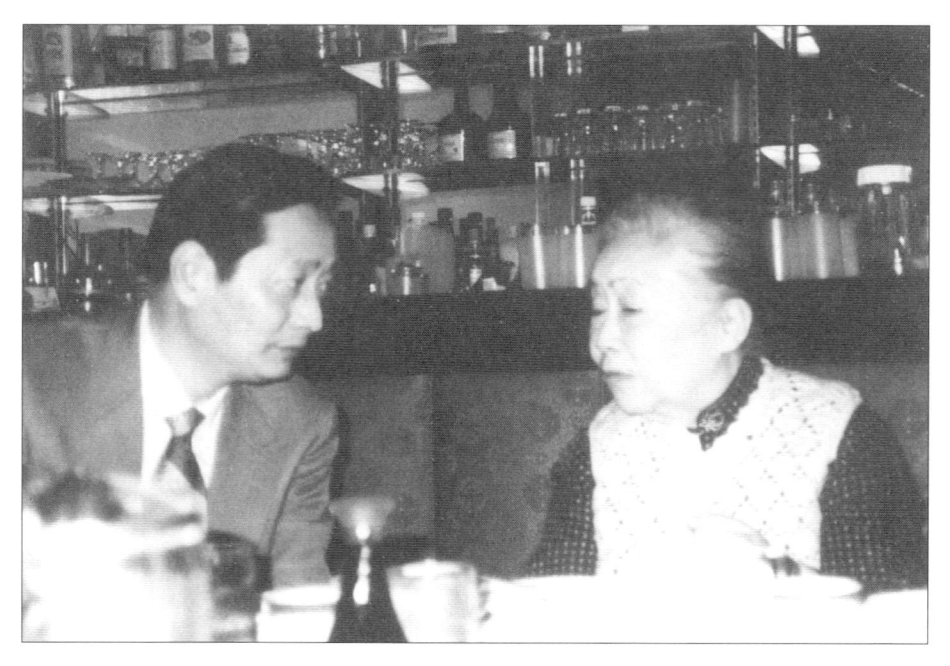

1990年，在纽约访问吴健雄教授

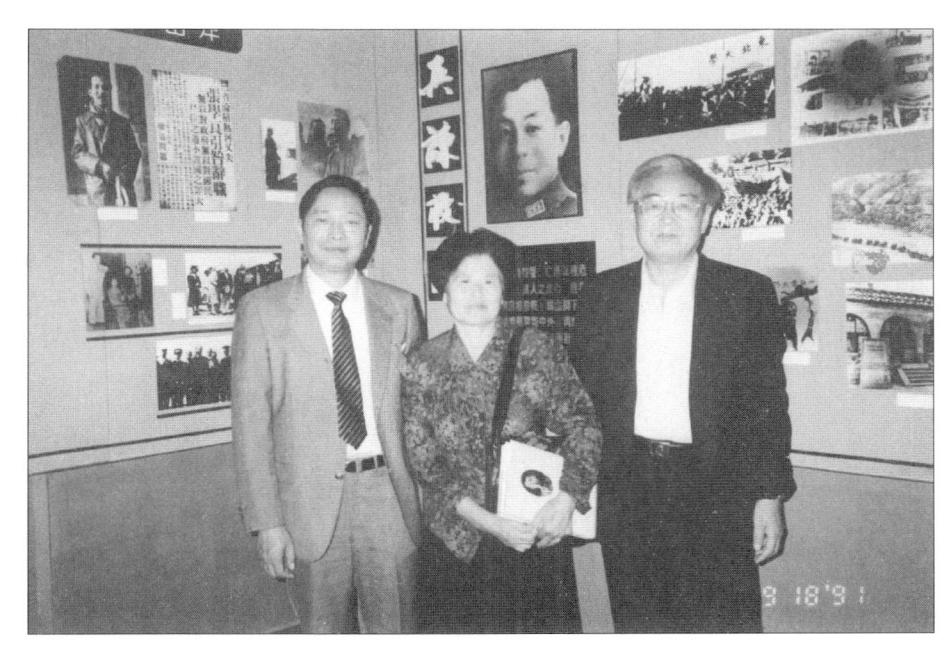

1991年9月，与台湾蒋永敬教授夫妇在沈阳

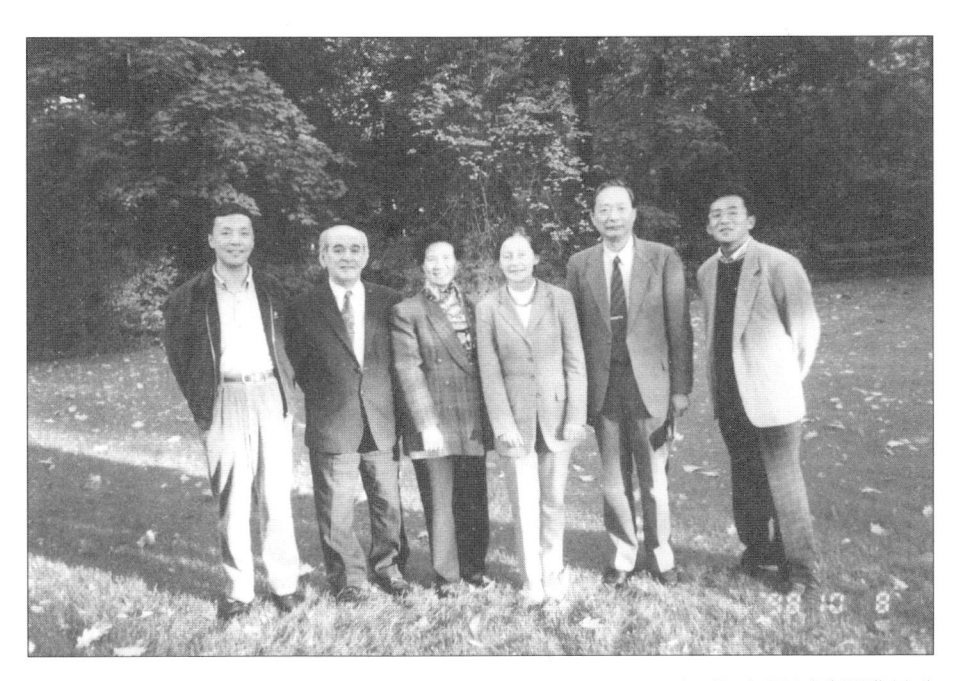

1998年10月，与法国巴斯蒂教授等在柏林

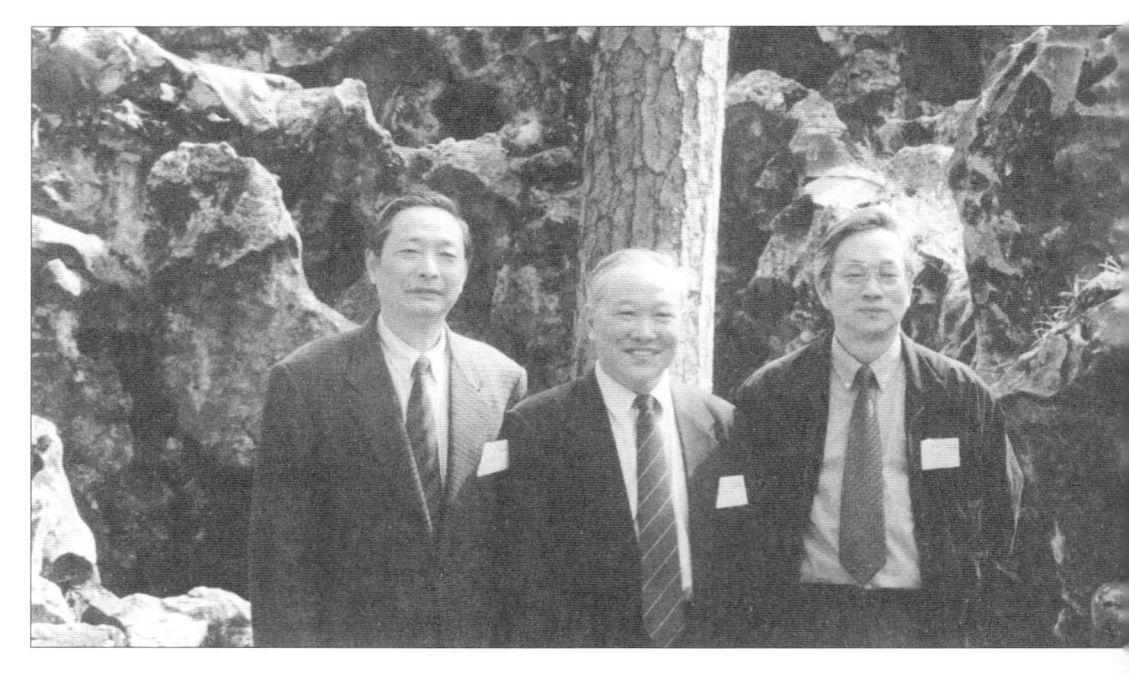

1999年4月，与金冲及、吕芳上二教授在湖州参加陈英士生平与事业讨论会

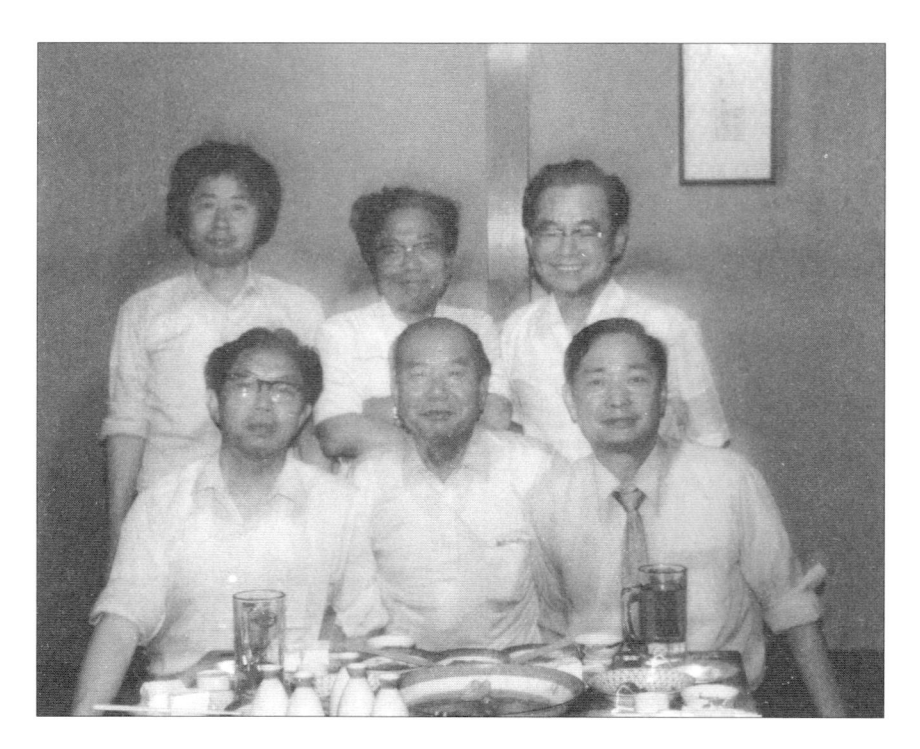

2001年，与日本井上清、狭间直树、小野信尔教授等在京都

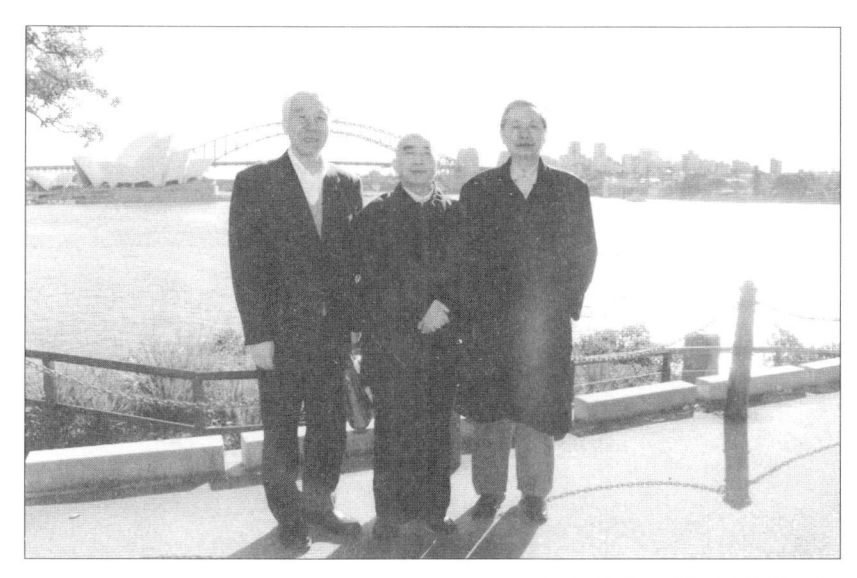

2007年，与袁行霈、侯德昌二教授访问澳大利亚

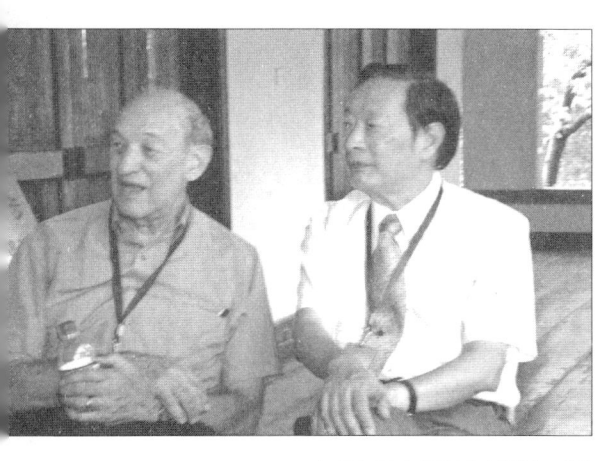

2009年9月在重庆与美国哈佛大学傅高义教授

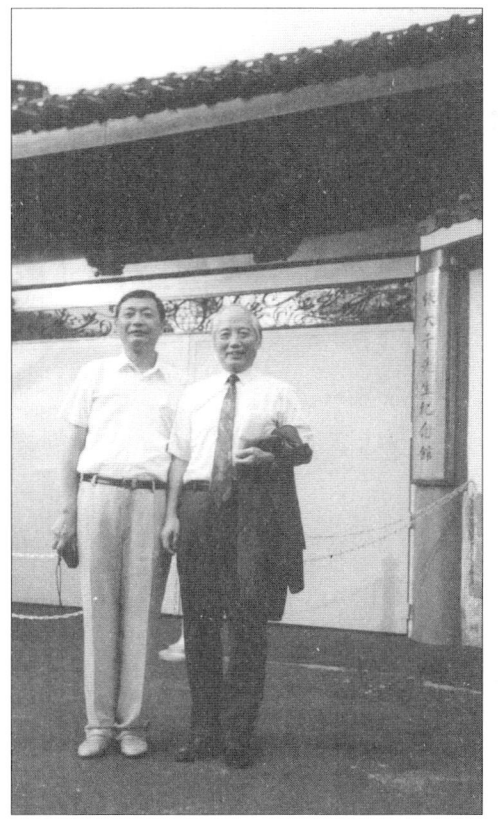

在台湾，与张玉法院士参观张大千纪念馆

附 录

为 学 术 而 生

——记我的父亲杨天石

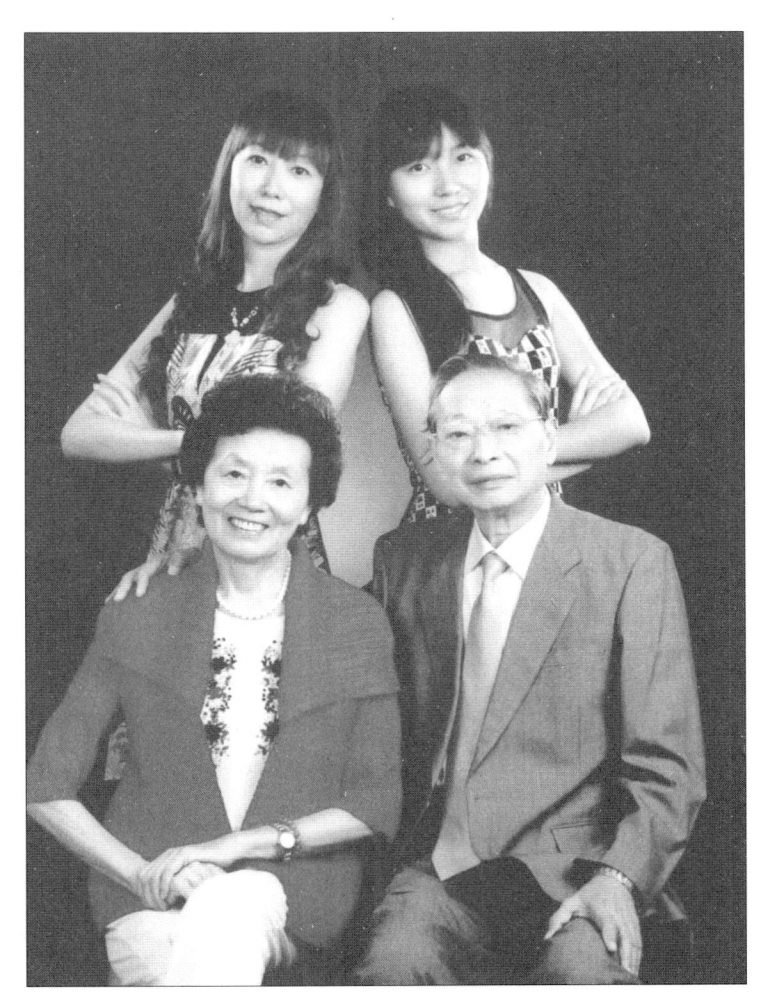

全家福

我的父亲杨天石是中国社会科学院荣誉学部委员、近代史研究所研究员、中央文史研究馆资深馆员、清华大学兼职教授、浙江大学客座教授，因为长期研究蒋介石而广为人知。一般人只看到他所取得的成就以及他头上的这些光环，却不了解他所付出的艰辛劳动。作为他的女儿，我从小就一直目睹父亲的勤奋和努力。在我的眼中，他俨然就是一个为学术而生的人。

两块"石头"之间擦出的火花

父亲不仅是研究民国史和蒋介石的专家，而且在中国文学、中国哲学等领域也造诣颇深，然而，父亲走上这条学术道路的过程却是偶然而又充满崎岖的。

父亲1955年就读于北京大学中文系，开始喜好写作新诗，继而涉猎美学，又转而研究中、晚唐诗人及近代诗。就学于中国头等学府的天之骄子，本该有广阔的事业和发展前途，父亲也希望像往年北大的毕业生们一样，进入科研机构或者大专院校，从事研究工作，但父亲事业的开端却很不如意。

大学期间，父亲曾经被扣上"白专道路"的帽子而遭到批判。1960年毕业时，父亲被分配到一所培养拖拉机手的短训班式的学校。这可谓是逆境了，但是父亲却在这样的条件下，开始了自己的研究。

父亲最大的特点就是用功。我小时候家里条件相当艰苦，一家三口住在仅九平方米的平房小屋里。那时候没有电扇，到了夏天，父亲坐在桌前看书，上身仅穿背心，满身大汗，父亲一手摇着大蒲扇，另一手仍然不断地摘抄资料。

"文革"十年，据母亲讲，父亲周围的学者几乎全都放弃了学术研究，因为在那个特殊的年代，出了成果也无处发表，但是父亲仍然坚持研究。那时父亲已调到北京师范大学第一附属中学，每天上班教书，下了班便钻进房间，读书写作，从不间断。窄小的家里堆满了一个个卡片盒，其中装的都是父亲做的卡片。

"文革"一结束，父亲的著作便以雨后春笋般惊人的速度发表出来，惹来一片惊羡和好奇的目光。可是我却深刻体会到，那是父亲十余年厚积薄发的成果。

"文革"结束后，父亲很想找个地方专心进行学术研究。当时社科院的文学所、历史所，还有近代史所都有意调用父亲。父亲一向认为文史哲不分家，他的想法很简单："哪个所先要我，我就去哪里。"恰巧近代史所先为父亲办好了调动手续，于是父亲就与近代史结下了不解之缘，这个缘分一结就是数十年。研究中国近代史不能回避的一个重要人物就是蒋介石，最后，这两块"石头"终于碰面，并擦出了让学术界瞩目的火花。

超人的勤奋与坚持

说起近年来研究蒋介石的情况，就不得不提2006年起蒋介石日记陆续开放一事。

蒋介石日记的开放主要是由两个人促成的，即美国斯坦福大学胡佛研究所的研究人员马若孟（Ramon Myers）和郭岱君。他们同蒋经国的儿媳蒋方智怡进行了长达两年的商谈，劝说她将蒋氏日记暂存到胡佛研究所，经整理后对外开放。这个过程中，我父亲也曾起过一点小小的作用。

2006年3月24日，胡佛研究所举行蒋介石日记开放揭幕式。父亲以学者身份获得邀请，因为父亲看过大陆和台湾等地几乎所有蒋介石日记的摘录本和手抄本，更因为父亲是公认的研究蒋介石的专家。

蒋介石日记开放后，父亲便每天去胡佛档案馆摘抄。档案馆规定，任何人不得以任何形式复制日记，也不能使用电脑打字。父亲每天几乎都是第一个到档案馆，中午吃饭，最多休息半小时，其余时间都在用笔抄录资料，抄到手指磨出血泡，再磨出老茧。两个多月后，父亲从美国归来，所有人都看出他明显瘦了。母亲心疼地问他："在档案馆你中午吃什么？""盒饭啊。"他轻描淡写地说。

在此之前，父亲去过六七次台湾，每次都会去"国史馆"等处查阅档案，那儿的工作人员提起杨先生，都佩服父亲的勤奋和功力。长期的研究和积累，使父亲练就了一双火眼金睛，他说："我看一眼就能知道什么样的资料有用。"这点我深有体会。我也曾经在胡佛档案馆和台湾"国史馆"查阅过档案，但由于经验不足，不少史料抄回来后不是发现已经刊印，就是发现毫无用处。而且我看档案的速度极为缓慢，同样一箱史料，如果全部看完我得用一周时间，但父亲只需几个小时。

2007年4月2日，胡佛研究所宣布开放蒋介石的第二批日记，父亲再次赴美，一待又是两个多月。次年，父亲仍然孩童般雀跃，不断询问胡佛研究所何时开放第三批日记。听到对方说可能在7月15日，他立刻不假思索地大声答道："好！你若7月15日开放，那我7月14日准到！"2009年，当闻知胡佛研究所将开放最后一批蒋介石日记时，父亲表示，仍将第一时间赴美阅读。他曾经说过，一定要亲自看完蒋的全部日记。虽然父亲当时已经年过七十，又已功成名就，一般人到了这个时候，早就退休了，即使做研究，也不会再这样辛苦，但是父亲所考虑的依然是史料、研究、学术，一点都没有考虑过自己的年龄和身体。

父亲研究学问大半生，从来不图名利，在发表无望的年代里如此，在国人普遍贫穷的岁月里如此，在出国、下海、经商、赚钱成为热潮后仍然如此。改革开放后，父亲不为赚钱所动，并且放弃了定居美国的机会，在中国坚守着他所钟爱的学术。如今父亲日渐年迈，按照常理，也该清闲一下，颐养天年了，但是父亲仍然同几十年前一样勤奋忙碌。很多人不解：图什么呢？父亲曾对我说过："赚钱有什么意思？学术研究才有意义！"我知道，这就是他一生的追求，也是直到今天他仍然"拼命"做学问的最大动力。

父亲在家里是个寡言的人，很少讲自己的事，家里的事也从来不管。母亲十分辛苦，曾经颇有微词。母亲说过："几乎没有一个学者像你父亲那样。"

视书如生命

父亲的书太多了。居住条件现在虽然稍微好了些，但也不过70平方米左右。有人去家里采访，发现到处都是书柜，从地板到天花板之间都堆满了书。殊不知这仅仅是父亲藏书中的一小部分，真正惊人的是他办公室中的书。他的办公室就像个小型图书馆，书架之间仅够一个人穿过。来客穿过层层书架，才会看到父亲伏案工作的身影。

父亲爱书。那么多的书，父亲一本也舍不得卖。有些已经用不到的书，我们都劝说他处理掉一些。尤其是现在已经有了期刊网，期刊几乎没有必要保存，但父亲却怎么也舍不得。无论什么书，都好好地保存着。父亲常常叮嘱我们："一个纸片都不要乱扔，如果要扔一定要让我过目！不然万一有用呢？"就是这样，父亲的东西，我跟母亲从来不敢乱动，即使一张小小的纸片。

父亲爱读书。无论白天和晚上，只要在北京，父亲基本上都在办公室看书、写文章。偶尔晚上有父亲爱看的电视剧，即使看到八九点钟，父亲也会向母亲打个招呼："我去单位看书了啊。"研究所10点半就关门了，哪怕还有一个小时，父亲都会去办公室读书。

父亲什么书都爱看，没有一刻能够离得开书。有一年，我们一家三口回姥姥家过年，别人都在寒暄、聊天，或者吃零食、看电视，再就是逛街消遣。父亲回来皱着眉头抱怨："没有书看的日子无聊至极！再有这样的活动不要叫上我了。"并连声说道："太浪费时间了，太浪费时间了！"

父亲已经82岁高龄，但仍然保持每天长时间阅读的习惯，直到深夜才睡，睡前也在读书。我们把读书当作一项任务、一项工作，但父亲却完全以之为乐趣，视读书为生命。我们劝他休息，不要那么辛苦，他却说："我看书就已经是在休息了。"

某种程度上,父亲把家当作旅馆:中午和晚上回家睡觉,一天在家吃三顿饭,其余大多数时间,包括周末和节假日在内,都在办公室中度过。周末如果有人打电话到家里找父亲,我们都会告知对方,在办公室。对方通常都会十分惊讶:"啊!老人家连周末都不休息?"平日办公时间去找父亲的人络绎不绝,周末好不容易清净下来,父亲可以不受打扰,当然要钻入书堆中怡然自得。

除了阅读,父亲几乎没有其他娱乐,近年来父亲日渐年迈,并患有糖尿病,家人担心他的身体,劝他多活动,他才在晚饭后散散步算是运动。但在读书上,父亲的精力始终保持着超乎常人的旺盛。

领我走上史学之路

除了认真、勤奋、实事求是,父亲给我印象最深的还有"严格"二字。从小到大,父亲都要求我用功学习,认真读书。偶尔我考试成绩不好,父亲一定会严厉批评,要求我认真总结教训,并给予不许看电视等"惩罚"。我当年高考的时候是北京市宣武区文科状元,报考全国任何一所高校,任何一个文科专业都轻而易举,但父亲却坚持要求我学历史。我有相当长一段时间不理解,甚至想中途改行,父亲十分生气,坚决阻止。父亲不但自己热爱历史研究,还让自己的独生女儿也承继这一事业,在我学习和研究历史的这些年里,父亲一直坚持要我独立思考,独立选题,独立搜集史料,独立分析,独立写作,不可有依赖思想。对于我的论文,父亲的要求近乎"苛刻",从观点到文字,必须反复认真修改,不过他这一关,绝不容许投稿发表。现在,我在父亲的引领下走上了史学研究的道路,他对其他学者颇感欣慰地戏称:"我的书将来一本都不会浪费了。"

虽说我学了历史,但其实父亲亲自指导我的时候并不多,一来因为他工作太忙,没时间管我;二来我上学和工作以后都住校,和他谈学问的机会少;三来家长教导自己的孩子通常没耐心,我父亲也不例外。我曾经嫉妒过父亲的学生,因为赶上过两回他指导自己的学生,从论文的选题、提纲、资料,到论文的内容、写法、参考书,他讲得非常详细,而且特别有耐心,一谈就是两三个小时。他可从来没有这样指导过我，所以我觉得自己的待遇还不如他的学生呢。不过能有机会旁听，虽然很少，也算是守着父亲这样一位导师的福利了。

　　父亲也不是完全不管我，他一向讲求自学，自己如此，待我也如此，但是在关键地方，父亲总是引领指导我的。我上大学时，父亲即已开始让我尝试着写史学小文章，当作写作的锻炼。当小小的作品变成铅字发表时，我初次品尝了习史的乐趣和喜悦。再后来父亲让我改写他的两篇文章，让我从中学习和体会如何利用史料进行研究。我工作以后父亲已经基本放手，但论文写完后，我还是请他提意见。父亲总是批评我文章写得啰嗦，内容不够精炼，语言不够简洁，有些地方叙述混乱，逻辑不清，让人看不懂。我总觉得他以中文系的标准看待我的文字，要求有点过高，但是他严厉地回答，如果达不到他的要求，不能拿出去发表。有一篇文章他的批评特别多，对我说话又不像对外人那样客气，批得我泪流满面，整整哭了一个晚上，连饭都吃不下。我女儿那时才几岁，姥爷特别疼她，从来不厉声训斥她。她见到姥爷把妈妈骂得痛哭流涕，十分奇怪，怎么妈妈那么大岁数了，还会被姥爷批成这样？但是严厉有严厉的好处，我那篇文章反复修改了几遍，终于发表在《历史研究》上。我后来写文章，都是按照父亲的要求，力求表达清楚、语句通顺、文字简练、用语准确，尽量减少废话废字，每篇文章都要改上几次，反复默读，仔细斟酌。练到后来，我写文章再不用请父亲过目，都是直接发表，我的博士论文从写作，到答辩，到出版，从始至终我父亲没有看过一个字。我写《访史秘录——蒋介石海外档》这本书，父亲甚至都不知道。父亲指导了我，锻炼了我，我也这样指导我的研究生，严格要求、认真修改他们的学位论文。

　　中国人常用"亦师亦父"来形容老师和学生的关系，对我来说，有一个研究历史的父亲，则是"亦父亦师"。父亲把我引领上了史学之路，让我对历史从不喜欢到喜爱，使我能坚守在清苦的史学研究领域，给我以指导，给我以帮助。我很幸运，能有这样的父亲，这样的老师！我谢谢父亲！

杨雨青
2018年4月 修订于北京

古院秦淮小拱橋白門巷陌柳蕭蕭羼編一代興亡史看盡金陵識舊朝

楊天石詩 金陵訪舊
侯德昌書

杨天石诗，著名书画大家侯德昌先生书。